Inhaltsverzeichnis

Vorwort

Liebe Lehrkraft,

Freude, Trauer, Enttäuschung oder Wut – tagtäglich empfinden Kinder viele verschiedene Gefühle. Aufgabe des Religionsunterrichts ist es, dass die Kinder lernen, ihre Gefühle wahrzunehmen, zu beschreiben und lernen, mit diesen umzugehen.

Das Buch „Der Seelenvogel" mit seinen ansprechenden Zeichnungen bietet für Kinder eine hervorragende Möglichkeit, über die Figur des Seelenvogels in ihre eigene Gefühlswelt einzutauchen. Das Buch stellt den Kindern verschiedene Gefühle vor und beschreibt anschaulich, wie es dem Seelenvogel mit diesen Gefühlen geht. Beim Seelenvogel befinden sich die Gefühle in Schubladen, die auf- und zugemacht werden können. Diese Schubladen lassen sich in böse Schubladen und in Schubladen, die uns guttun, einteilen. Diese Vorstellung hilft den Kindern zu verstehen, dass Empfindungen in bestimmte Gefühle eingeteilt werden können und dass zu jedem Menschen auch negative Gefühle dazugehören.

Das vorliegende Material ist in zwei Bereiche unterteilt: Im lesebegleitenden Teil beschäftigen sich die Kinder mit dem Inhalt des Buches sowie der Figur des Seelenvogels. Im fächerübergreifenden Teil lernen sie Geschichten aus der Bibel kennen, die von Eifersucht, Wut oder Umarmungen erzählen, und beschäftigen sich mit schönen und traurigen Momenten im Leben von Jesus. Die Kinder setzen sich intensiv mit einzelnen Gefühlen auseinander und erhalten kreative Anregungen, wie sie mit Gefühlen umgehen können, sie basteln einen Wutball oder eine Schatzkiste für ihren eigenen Seelenvogel. Darüber hinaus drücken die Kinder Gefühle durch Farben und Musikinstrumente aus und können durch eine Meditation üben, positive Empfindungen entstehen zu lassen. Außerdem gibt es Angebote aus den Fächern Deutsch, Mathematik und Sachunterricht.
Der lesebegleitende Teil ist so aufgebaut, dass es zu allen Leseabschnitten sowohl ein leichteres (gekennzeichnet durch) als auch ein schwierigeres Arbeitsblatt (gekennzeichnet durch) gibt, die je nach Leistungsstand des Kindes eingesetzt werden können.
Die Arbeitsblätter im fächerübergreifenden Teil sind teilweise differenziert. Die Lehrkraft kann auswählen, welche dieser Arbeitsblätter sie einsetzen möchte.
Das Projekt kann damit beginnen, dass die Kinder das Titelbild des Seelenvogels betrachten und beschreiben. Anschließend liest die Lehrperson die entsprechenden Leseabschnitte aus dem Buch vor oder die Kinder lesen selbst und bearbeiten im Anschluss jeweils die zugehörigen Arbeitsblätter. Abschließend können die Kinder das Buch bewerten.

Da das Buch keine einzelnen Kapitel hat, habe ich es in folgende Leseabschnitte unterteilt:

Leseabschnitt	Text im Buch	Seiten im Buch
1. Der Seelenvogel (Arbeitsblätter S. 4 / 5)	Tief, tief in uns ... was wir fühlen.	S. 3–5
2. Die Gefühle des Seelenvogels (Arbeitsblätter S. 6 – 8)	Wenn uns jemand verletzt, ... So gut geht es ihm dann.	S. 6–15
3. Die Seele (Arbeitsblätter S. 9 / 10)	Ganz tief in uns ... bis zu unserem Tod.	S. 16–17
4. Der Seelenvogel besteht aus Schubladen (Arbeitsblätter S. 11 / 12)	Sicher wollt ihr ... was drin sein soll.	S. 18–23
5. Böse und gute Schubladen (Arbeitsblätter S. 13 / 14)	Manchmal sind wir eifersüchtig, ... die uns guttun.	S. 24–31
6. Den Seelenvogel hören (Arbeitsblätter S. 15 / 16)	Manche Leute hören ... wenn alles still ist.	S. 32

Vorbemerkungen:

Zu S. 9/10: Das Thema „Seele und Tod“ wird nur oberflächlich im lesebegleitenden Teil behandelt und ansonsten außen vor gelassen. Stellen Sie sich auf Fragen zu diesem Thema ein. Bitte beachten Sie, dass die Frage nach dem Bestand der Seele nach dem Tod ein sensibles Thema ist, zu dem auch die zu Hause vermittelte Meinung respektiert und als Möglichkeit zugelassen werden sollte.

Zu S. 18: Der Text kann auch von der Lehrkraft vorgelesen werden.

Zu S. 22/23: Die Arbeitsblätter machen den Kindern bewusst, dass es auch im Leben von Jesus sowohl angenehme als auch sehr unangenehme Momente gab. Sie können auch mit den Kindern besprechen, warum die Geschichte von Jesus Hoffnung machen kann.

Zu S. 26: Als Einstieg in das Thema „Gefühle und Farben“ können bunte Tücher in die Sitzkreismitte gelegt werden und die Kinder tauschen sich darüber aus, welche Gefühle sie mit den einzelnen Farben verbinden. Weiterführend kann auch das Gedicht „Gefühle sind wie Farben“ mit den Kindern erarbeitet werden. Es ist auf folgender Internetseite zu finden: *www.medienwerkstatt-online.de/lws_wissen/* → Menschlicher Körper → Mein Körper gehört mir → Gefühle sind wie Farben 1/ Gefühle sind wie Farben 2.

Zu S. 39: Die Kinder können auch Fotos zu verschiedenen Vogelarten betrachten und ihren Gesang anhören, zum Beispiel auf der Internetseite: *www.nabu.de/tiere-und-pflanzen/voegel/portraets/index.html.*

Zu S. 42: Die Vorlage sollte auf DIN A3 hochkopiert werden. Für jedes Kind sollten etwa sieben Streichholzschachteln zur Verfügung stehen. Diese können auch vorab von den Kindern mitgebracht werden. Die Streichholzschachteln sollten nicht zu eng nebeneinander auf die Vorlage aufgeklebt werden, damit sie sich noch öffnen lassen.

Zu S. 43: Für dieses Arbeitsblatt wird ein Schuhkarton benötigt, den die Kinder von zu Hause mitbringen können.

Zu S. 44: Als Einstieg kann die Lehrkraft den Kindern fröhliche Musik (z. B. *Happy* von Pharrell Williams) und traurige Musik (z. B. *Silence* von Jannik Haverland) vorspielen und sie auffordern, die Wirkung der Musikstücke zu beschreiben.
Für das Arbeitsblatt werden Instrumente benötigt. Bitte stellen Sie diese den Kindern zur Verfügung.

Zu S. 46: Bei dieser Entspannungsgeschichte lassen die Kinder durch schöne Erinnerungen mit Hilfe des Bildes vom Seelenvogel in ihrem Körper positive Gefühle entstehen. Der Text sollte langsam und mit ruhiger Stimme vorgetragen werden. Nach der Geschichte können die Kinder über ihre Empfindungen während der Übung berichten.

Ich wünsche Ihnen viel Spaß und Erfolg bei der Arbeit mit dem Buch.

Svenja Ernsten

Der Seelenvogel

Jeder Mensch hat eine Seele. Und in der Seele wohnt der Seelenvogel.

1. Male einen Seelenvogel in den Kreis.

2. Immer wenn wir etwas fühlen, fühlt es auch unser Seelenvogel. Welche Gefühle kennst du? Schreibe sie um den Seelenvogel herum.
Die Wörter im Kasten helfen dir.

Angst – Trauer – Wut – Geduld – Freude – Eifersucht – Hoffnung – Hass – Enttäuschung – Verzweiflung

3. Seht euch die Bilder gemeinsam an. Welche Gefühle haben die Kinder gerade auf den Bildern? Was könnten sie erlebt haben? Sprecht darüber.

BVK • Svenja Ernsten: Religionsprojekt zu: „Der Seelenvogel"

Ein Vogel in unserer Seele

Jeder Mensch hat eine Seele. Und in der Seele wohnt der Seelenvogel.

1. Was stimmt? Kreuze die richtige Antwort an.

Wo befindet sich die Seele?
- ☐ tief in unserem Körper
- ☐ in unserem Zuhause
- ☐ in unserem Bett

Was ist in der Seele?
- ☐ Luft
- ☐ Wasser
- ☐ der Seelenvogel

Der Vogel steht
- ☐ auf einem Bein.
- ☐ auf einem Stuhl.
- ☐ auf seinen Füßen.

Das fühlt der Seelenvogel:
- ☐ das, was unsere Eltern fühlen.
- ☐ das, was wir fühlen.
- ☐ gar nichts.

2. Immer wenn wir etwas fühlen, fühlt es auch unser Seelenvogel.
Welche Gefühle kennst du? Verbinde die richtigen Silben.

sucht	duld	er	schung
Trau	täu	fer	Ei
de	Freu	Ge	Ent

Welche Wörter hast du gefunden? Schreibe in dein Heft.

3. Male auf die Rückseite des Blattes ein Bild, wie du dich gerade fühlst.

BVK • Svenja Ernsten: Religionsprojekt zu: „Der Seelenvogel“

Wie geht es dem Seelenvogel?

Leseabschnitt 2

Je nach Gefühl geht es dem Seelenvogel gut oder schlecht.

1. Verbinde die richtigen Bilder und Texte.

Der Seelenvogel ist fröhlich. Er lacht und springt hoch in die Luft.

Der Seelenvogel ist traurig. Er wird ganz still. Er möchte sich am liebsten verstecken und macht sich so klein wie möglich.

Dem Seelenvogel geht es gut. Er fühlt sich groß und breitet seine Flügel aus.

Der Seelenvogel fühlt sich verletzt. Er schaut bedrückt nach unten. Ihm tut alles weh.

2. Suche dir ein Bild aus. Hast du dich auch schon einmal genau so gefühlt? Warum hast du dich so gefühlt? Male ein Bild von dir in dieser Situation und schreibe einen Text dazu.

Dein Seelenvogel hört immer zu

„Wenn jemand unseren Namen ruft, horcht der Seelenvogel auf die Stimme, weil er wissen will, ob sie lieb oder böse klingt.“ ©

1. Suche dir zwei andere Kinder. Ein Kind ruft deinen Namen mit einer bösen Stimme, das andere Kind mit einer lieben Stimme. Sprecht darüber, wie ihr euch gefühlt habt.

2. Was passiert mit dem Seelenvogel in uns, wenn uns jemand umarmt? Schreibe auf.

3. Kreuze an. Wie fühlt sich dein Seelenvogel, …

… wenn dich jemand verletzt?	☺	☹
… wenn dich jemand lieb hat?	☺	☹
… wenn jemand mit lieber Stimme deinen Namen ruft?	☺	☹
… wenn jemand mit einer bösen Stimme deinen Namen ruft?	☺	☹
… wenn jemand böse auf dich ist?	☺	☹
Wie geht es deinem Seelenvogel jetzt?	☺	☹

4. Was hört dein Seelenvogel gerne? Schreibe in die Sprechblase.

Dein Seelenvogel

Manchmal hüpft der Seelenvogel vor Freude,
manchmal ist er traurig und macht sich ganz klein.

1. Wann ist dein Seelenvogel fröhlich? Schreibe auf.

2. Wann ist dein Seelenvogel traurig? Schreibe auf.

3. Was passiert mit dem Seelenvogel, wenn uns jemand umarmt?
   Unterstreiche die richtige Antwort.

   Er wird immer trauriger. Er wird immer größer. Er wird immer kleiner.

4. Lest euch gegenseitig diese Botschaften vor. Wie fühlt ihr euch danach?

Du bist etwas Besonderes!	Bleib wie du bist!	Du bist ein toller Schüler!
Du bist stark!	Schön, dass es dich gibt!	Du kannst stolz auf dich sein!

Schreibe für dein Partnerkind einige weitere Lobzettel und gib sie ihm. Wenn es ihm nicht so gut geht, kann er sie lesen.

Jeder Mensch hat eine Seele

Leseabschnitt 3

Von der Geburt bis zum Tod ist die Seele in uns.

1. Suche dir ein Partnerkind.
   Erzählt euch dann gegenseitig, was in diesem Leseabschnitt steht. Die folgenden Stichpunkte helfen euch:

niemand – Mensch – jeder – Seele – leben

2. Wir werden als Baby geboren. Unser Körper verändert sich im Laufe unseres Lebens. Glaubst du, dass sich auch die Seele verändert?
   Sprecht darüber.

Die Seele

Leseabschnitt 3

Von der Geburt bis zum Tod ist die Seele in uns.

Hast du gut gelesen? Schreibe in die Kästchen und trage das Lösungswort ein.

1. Wer wurde noch nie ohne Seele geboren? Ein …
2. Die Seele hat bisher noch … gesehen.
3. Wer weiß, dass es eine Seele gibt? …
4. Die Seele … uns nicht einmal für eine …

1.	☐	☐	☐	☐ 1	☐	☐			
2.		☐	☐	☐ 2	☐	☐	☐	☐	
3.			☐	☐ 3	☐	☐	☐	☐	
4.	☐	☐	☐	☐ 4	☐	☐	☐	☐	
4.			☐	☐ 5	☐	☐	☐	☐	☐

Jeder Mensch hat eine

__ __ __ __ __ .
1 2 3 4 5

Was ist die Seele?

Im Buch steht, dass alle Menschen wissen, dass es die Seele gibt. Und tatsächlich glauben viele Menschen, dass wir nicht nur aus einem Körper bestehen, sondern auch eine Seele besitzen. Die Seele bezeichnet die Gedanken und Gefühle eines Menschen, also seine Persönlichkeit.

1. Suche dir ein Partnerkind. Sammelt gemeinsam Ideen, wie ihr euch die Seele vorstellt.
   Schreibt oder malt eure Ideen auf ein Blatt Papier.
2. „Die Seele ist wie eine Blume.“ – „Die Seele ist wie die Luft.“
   Da niemand genau weiß, wie die Seele aussieht, gibt es immer wieder Vergleiche, wie man sich die Seele vorstellen kann.
   Fallen euch weitere Vergleiche ein? Sammelt sie an der Tafel.
3. Die meisten Menschen glauben, dass die Seele bei der Geburt in den Körper schlüpft und dort bleibt, bis wir sterben. Was passiert aber mit der Seele nach dem Tod? Dazu gibt es viele unterschiedliche Vorstellungen.
   Lies die Aussagen.
4. Was glaubst du, was mit der Seele nach dem Tod passiert?
   Schreibe es auf die Rückseite des Blattes.
   Tauscht euch anschließend darüber aus.

Nach dem Tod wird die Seele in einem anderen Menschen oder einem Tier wiedergeboren.

Wenn ein Mensch gestorben ist, muss man das Fenster öffnen, damit seine Seele hinausfliegen kann.

Die Seele wird in einer anderen Welt wiedergeboren.

Die Seele von guten Menschen kommt in den Himmel.

Die Seele lebt weiter bei Gott.

BVK • Svenja Einsten: Religionsprojekt zu: „Der Seelenvogel“

Der Seelenvogel und seine Schubladen

Nur der Seelenvogel kann die Schubladen mit den Gefühlen öffnen.

1. Kreuze die richtigen Antworten an. Die Lösungsbuchstaben verraten dir, was sich in den Schubladen befindet.

	☺	☹
Der Seelenvogel besteht aus vielen Schubladen.	G	K
Die Schubladen vom Seelenvogel stehen offen.	A	E
Der Vogel kann die Schubladen mit seinem Schnabel öffnen.	P	F
Es gibt zu jeder Schublade einen eigenen Schlüssel.	Ü	A
Nur der Seelenvogel kann die Schubladen öffnen.	H	Z
Er steht auf beiden Beinen.	M	L
Die Schubladen haben Griffe.	E	I

In den Schubladen befinden sich die ___ ___ ___ ___ ___ ___ ___.

2. Welche Gefühle kommen auf Seite 22 vor?
Kreuze diese Kreise an.

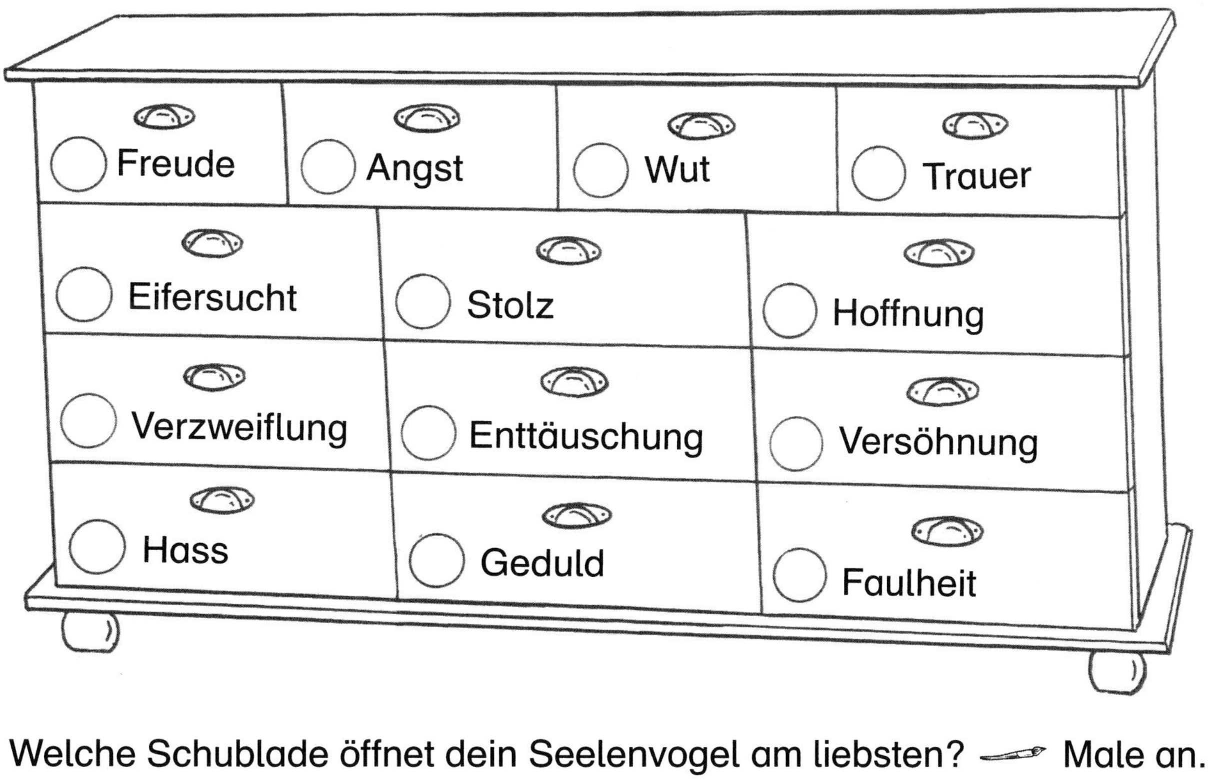

3. Welche Schublade öffnet dein Seelenvogel am liebsten? Male an.

BVK • Svenja Ernsten: Religionsprojekt zu: „Der Seelenvogel“

So viele Schubladen

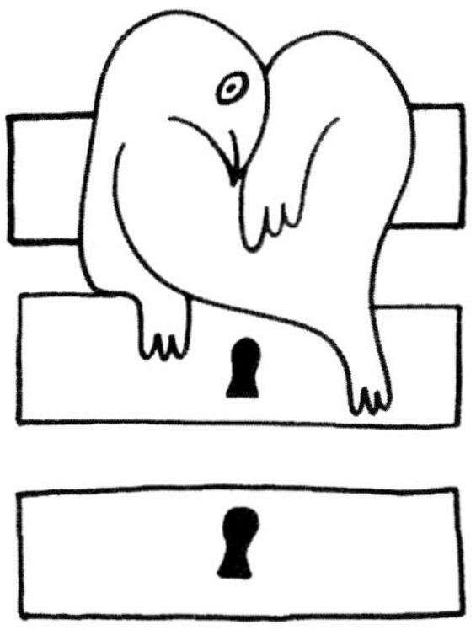

Nur der Seelenvogel kann die Schubladen mit den Gefühlen öffnen.

1. Trage die fehlenden Wörter ein.

Der Seelenvogel besteht aus vielen

______________________________ .

Die Schubladen sind ______________________ .

Zu jeder Schublade gibt es einen eigenen ____________________ .

Mit seinem ________ kann der Seelenvogel die Schubladen öffnen.

Auf einem Bein steht der Seelenvogel, das andere hat er an seinen

____________ gezogen.

Er schließt die Schublade mit dem Fuß auf und zieht dann am ______ .

In den Schubladen befinden sich die _________________ .

2. Lies noch einmal den Text auf Seite 22.
3. Schreibe sechs Gefühle aus dem Text in die Schubladen.
4. Schreibe weitere Gefühle in die anderen Schubladen.

Schublade, öffne dich!

Der Seelenvogel bestimmt unsere Gefühle.

1. Kreuze die richtige Antwort an.

Welche Schublade hat der Seelenvogel geöffnet, wenn wir wütend sind?

☐ Freude ☐ Wut ☐ Trauer

Weil unser Seelenvogel nicht immer gehorcht, kann er uns

☐ in Schwierigkeiten ☐ in die Schule ☐ nach Hause bringen.

Alle Menschen haben unterschiedliche Seelenvögel, deshalb sind wir auch alle

☐ gleich. ☐ ähnlich. ☐ verschieden.

2. Im Suchsel sind 5 Gefühle versteckt. Du findest sie → und ↓.
Welche Gefühle fühlen sich schlecht an? Male diese Gefühle rot an.
Welche Gefühle fühlen sich gut an? Male diese Gefühle grün an.

L	E	I	F	E	R	S	U	C	H	T	K	L
W	D	F	G	V	M	E	X	C	P	O	Y	I
U	S	R	H	L	N	W	F	R	E	U	D	E
T	W	Q	O	P	R	T	Z	I	L	S	G	B
Q	X	T	V	A	X	C	V	B	M	P	F	E
Z	U	F	R	I	E	D	E	N	H	E	I	T

3. Welche Schublade hast du heute Morgen aufgemacht?
Schreibe auf.
Male die Schublade rot oder grün an.

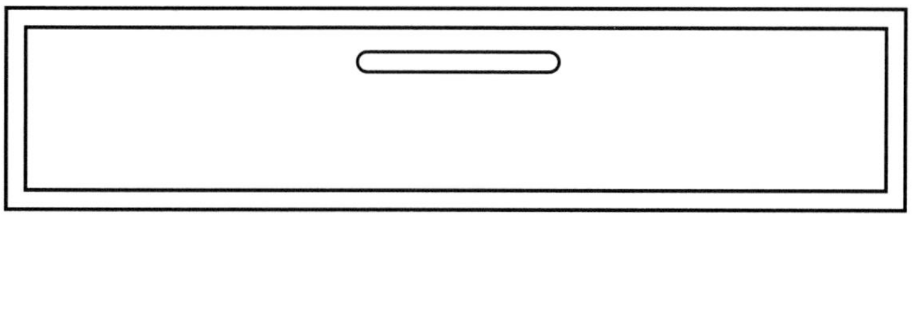

BVK • Svenja Ernsten: Religionsprojekt zu: „Der Seelenvogel"

Manchmal sind Gefühle schwierig

Der Seelenvogel bestimmt unsere Gefühle.

1. Verbinde die richtigen Satzteile.

Obwohl wir es nicht wollen,	weil auch ihre Seelenvögel verschieden sind.
Ab und zu möchten wir helfen,	sind wir manchmal eifersüchtig.
Menschen sind verschieden,	damit das Gefühl aufhört.
Der Seelenvogel muss eine Schublade schließen,	machen aber etwas kaputt.

2. „Der Seelenvogel gehorcht uns nicht immer und bringt uns manchmal in Schwierigkeiten…" ©
Sucht euch in der Gruppe eine Situation aus.
Besprecht, wie sich das Kind oder die Kinder fühlen.
Überlegt gemeinsam, was das Kind oder die Kinder tun könnten, damit es ihnen wieder besser geht. Vielleicht findet ihr mehrere Lösungen.
Schreibt alle Lösungen auf.

Torben kann die Aufgaben in Mathe nicht lösen. Er verrechnet sich immer. Schließlich zerreißt er das Arbeitsblatt.
Janne hat eine gute Note in der Klassenarbeit. Sie freut sich riesig. Daniel hat viele Fehler gemacht, obwohl er sich angestrengt hat. Er ruft: „Streberin, Streberin!" Janne fängt an zu weinen.
Ben möchte seiner Mutter in der Küche helfen. Er hilft ihr, die Geschirrspülmaschine auszuräumen. Da fällt ihm ein Teller runter. „Pass doch auf!", schimpft seine Mutter. Ben läuft aus der Küche und schlägt die Tür hinter sich zu.
Emma ist sehr beliebt in der Klasse. In der großen Pause findet sie immer jemanden zum Spielen. Greta steht oft allein auf dem Schulhof herum und denkt: „Mich mag niemand!" Im Sportunterricht schubst Greta Emma.

Den Seelenvogel hören

Man sollte immer darauf achten, ob man den Seelenvogel hören kann.

1. Ergänze den Text. Die Wörter im Kasten helfen dir.

Nicht alle Menschen können den Seelenvogel gleich gut

______________________ .

Manche hören ihn ______________ , manche ab und zu und wieder andere hören ihn nur ein einziges Mal im ______________________ .

Deshalb sollte man immer aufpassen, ob man den ______________________________ hören kann, zum Beispiel am ______________________ , wenn es überall ______________ ist.

Leben – Abend – hören – still – oft – Seelenvogel

2. Überlege: Wie oft hörst du in dich hinein? Wie könnte es dir helfen, wenn du auf deinen Seelenvogel hörst und dich mit deinen Gefühlen beschäftigst?

3. Seid eine Minute lang still. Spüre in dich hinein. Was fühlst du? Sprecht darüber.

4. Nun hast du das ganze Buch gelesen. Male ein passendes Bild dazu. Ihr könnt eure Bilder nachher in der Klasse aufhängen.

Hast du den Seelenvogel schon einmal gehört?

Man sollte immer darauf achten, ob man den Seelenvogel hören kann.

1. Im Suchsel findest du 8 Wörter aus dem Leseabschnitt. Du findest sie → und ↓. Kreise ein.

S	E	E	L	E	N	V	O	G	E	L	Q	R
E	Q	L	M	O	K	Y	A	Q	X	E	W	Y
L	E	U	T	E	B	P	K	H	D	B	X	S
T	C	R	V	B	K	G	H	Ö	Ä	E	C	T
E	I	N	M	A	L	T	W	R	S	N	O	I
N	A	W	L	Q	X	L	Z	E	P	Y	R	L
W	Ö	H	O	R	C	H	E	N	F	W	S	L

2. Suche dir ein Partnerkind.
   Erzählt euch gegenseitig den Inhalt des Buches. Benutzt dabei auch die Wörter aus dem Suchsel.

3. Hast du deinen Seelenvogel schon einmal gehört?
   Überlege, wie es dir helfen könnte, deine Gefühle zu kennen.
   Schreibe auf:

Buchbewertung

Titel des Buches: ____________________

Autorin: ____________________

Illustratorin: ____________________

In dem Buch geht es um: ____________________

____

____

____

Das Buch hat mir ☺ 😐 ☹ gefallen, weil ____________________

____

____

____________________.

Diese Stelle hat mir besonders gut gefallen: ____________________

____

____

____

Wenn ich eine Schulnote für das Buch vergeben müsste, wäre das eine → ☐

Hier ist Platz für ein Bild zum Buch:

BVK · Svenja Ernsten: Religionsprojekt zu: „Der Seelenvogel“

Josef und seine Brüder (1)

Jakob hatte zwölf Söhne. Einen seiner Söhne hatte er am liebsten. Er hieß Josef. Eines Tages schenkte Jakob ihm einen wunderschönen bunten Mantel. Seinen anderen Söhnen schenkte er nichts. Da wurden Josefs Brüder sehr eifersüchtig.

Josef träumte nachts viel. Einmal träumte er davon, wie sich seine Brüder vor ihm verneigten. Als er seinen Brüdern von diesem Traum berichtete, wurden sie wütend.

Als die Brüder einmal das Vieh hüteten, sollte Josef nach ihnen schauen. Doch die Brüder zogen Josef den schönen Mantel aus und warfen Josef in einen Brunnen. Als er im Brunnen saß, kamen einige Händler auf Kamelen vorbei. Die Brüder beschlossen, Josef an die Männer zu verkaufen. Den Mantel tauchten sie in Ziegenblut und erzählten dem Vater, dass Josef von einem wilden Tier getötet worden war. Der Vater war sehr traurig.

Die Händler nahmen Josef mit nach Ägypten. Dort kam er schließlich zum Pharao, dem König des Landes. Der Pharao erfuhr davon, dass Josef Träume deuten konnte. Einmal träumte der Pharao, von sieben fetten und sieben abgemagerten Kühen. Er befragte Josef, was dieser Traum zu bedeuten habe. Josef antwortete, dass es sieben Jahre mit guter Ernte und sieben Jahre mit schlechter Ernte geben würde und riet dem Pharao, Vorräte anzulegen. Das tat er. Und tatsächlich folgten auf sieben gute Jahre sieben schlechte Jahre. Durch die Vorräte hatten die Menschen in Ägypten aber genug zu essen.

Aber dort, wo Josefs Brüder lebten, gab es eine Hungersnot, da die Menschen keine Vorräte angelegt hatten. Der Vater schickte die Brüder nach Ägypten. Sie kamen zu Josef. Da sie ihn nicht erkannten, verneigten sie sich vor ihm und baten ihn um Getreide. Josef jedoch erkannte seine Brüder. Er verzieh ihnen und bat sie, den Vater nach Ägypten zu bringen. Schließlich kam der Vater mit seiner ganzen Familie nach Ägypten und umarmte Josef glücklich.

nach: 1. Buch Mose (Genesis), Kapitel 37 bis Kapitel 50

BVK • Svenja Ernsten: Religionsprojekt zu: „Der Seelenvogel"

Josef und seine Brüder (2)

1. Lies die Geschichte.

2. Hier ist einiges durcheinandergekommen.
Schreibe die Nummern von 1 – 6 in der richtigen Reihenfolge vor die Sätze.

- ☐ Der Pharao legte Vorräte an, damit die Menschen auch in schlechten Zeiten genug zu essen hatten.
- ☐ Als Josef seine Brüder erkannte, verzieh er ihnen.
- ☐ Jakob mochte seinen Sohn Josef am liebsten. Deshalb schenkte er ihm einen bunten Mantel.
- ☐ Weil die Brüder eifersüchtig und wütend auf Josef waren, verkauften sie ihn an Händler aus Ägypten.
- ☐ Josefs Familie hatte keine Vorräte angelegt, daher schickte der Vater Josefs Brüder nach Ägypten, damit sie um Getreide bitten konnten.
- ☐ In Ägypten deutete Josef den Traum des Pharaos richtig und wurde zu einem angesehenen Mann.

3. Wie findet ihr das Verhalten der Brüder?
Sprecht in der Klasse darüber.

4. Spielt in kleinen Gruppen die Szene nach, in der Josef von Jakob den Mantel geschenkt bekommt. Die anderen Söhne bekommen nichts.

5. Wie habt ihr euch dabei gefühlt?

BVK • Svenja Ernsten: Religionsprojekt zu: „Der Seelenvogel"

Jesus und Zachäus

Jesus kam nach Jericho. Dort lebte ein Zöllner mit dem Namen Zachäus. Er war sehr unbeliebt, denn er verlangte von den Händlern, die mit Waren nach Jericho wollten, viel zu viel Zoll. So war er zwar reich, hatte aber keine Freunde.

Als Jesus nach Jericho kam, hatten sich die Bewohner schon versammelt, um ihn zu begrüßen. Auch Zachäus wollte ihn sehen, aber er war sehr klein. So lief er voraus und stieg auf einen Maulbeerbaum, an dem Jesus vorbeikommen sollte. Als Jesus an dem Baum vorbeikam und Zachäus dort sitzen sah, sagte er: „Zachäus, komm herunter! Ich möchte heute bei dir Gast sein!“ Da lächelte Zachäus und stieg vom Baum hinunter. Die anderen Menschen schimpften darüber, dass Jesus gerade bei Zachäus einkehrte.

Nachdem Jesus bei Zachäus eingekehrt war, sagte dieser: „Herr, ich möchte die Hälfte von meinem Geld den Armen geben und wenn ich jemanden betrogen habe, möchte ich ihm das Geld zurückgeben.“ Da sagte Jesus: „Ich bin gekommen, um zu suchen und zu retten, was verloren ist!“

nach: Lukas, Kapitel 19, Verse 1 – 10

1. Ergänze den Text. Die Wörter im Kasten helfen dir.

Der Zöllner Zachäus ist ________________ , weil er keine Freunde hat. Die Bewohner Jerichos ________________ den Zöllner, weil er zu viel Geld verlangt. Zachäus ist ________________ darüber, dass Jesus ihn besucht. Die anderen Menschen sind ________________ , dass Jesus Zachäus besucht.

Nachdem Jesus Zachäus besucht hat, fühlt sich Zachäus ________________ .

schuldig – froh – wütend – hassen – einsam

2. Spielt die Geschichte nach.
3. Zachäus erklärt sich schuldig und Jesus verzeiht ihm. Hast du schon einmal jemandem etwas verziehen? Erzähle es deiner Klasse.

BVK • Svenja Ernsten: Religionsprojekt zu: „Der Seelenvogel“

Jesus segnet die Kinder

Jesus war mit seinen Jüngern unterwegs. Er wurde von Menschen umringt. Da kamen Mütter mit ihren Kindern zu Jesus. Sie drängten sich durch die Menschenmenge, denn sie wollten, dass Jesus ihre Kinder segnete. Die Jünger waren genervt und versuchten, die Frauen wegzuschicken. Da wurde Jesus wütend und sprach: „Lasst die Kinder zu mir kommen." Und er umarmte jedes Kind freudig und legte seine Hand auf seinen Kopf, um es zu segnen.

nach: Markus, Kapitel 10, Verse 13–16

1. Wie fühlen sich die Jünger? Wie geht es den Kindern und den Müttern? Was empfindet Jesus?
   Male in die Kreise passende Gesichter.

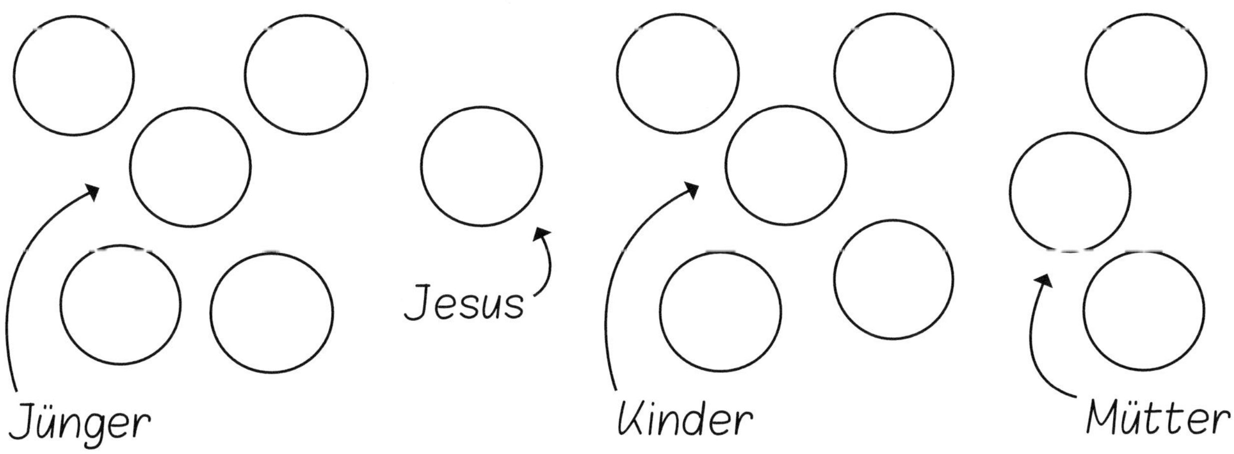

2. Zu welchen Personen passen welche Gefühle? Verbinde.

	dankbar	
Jünger	fröhlich	Mütter
	genervt	
Kinder	wütend	Jesus
	stolz	

BVK • Svenja Ernsten: Religionsprojekt zu: „Der Seelenvogel"

Das Leben von Jesus (1)

In der Bibel kannst du die Ereignisse auf dem Lebensweg von Jesus nachlesen. Hier findest du einige wichtige Stationen.

Lukas 2,1 – 7
Jesus wird in einem Stall in Bethlehem geboren. Maria wickelt ihn in Windeln und legt ihn in eine Krippe.

Lukas 3,21 – 22
Jesus wird von Johannes im Jordan getauft. Danach öffnet sich der Himmel und eine Stimme spricht: „Du bist mein lieber Sohn. An dir habe ich Freude.“

Markus 1,16 – 20
Jesus kommt zu einem See und trifft auf Fischer. Er sagt zu ihnen: „Folgt mir!“ Nach und nach folgen ihm zwölf Fischer. Sie werden zu Jesu Freunden. Gemeinsam ziehen sie durch das Land und verkünden die Botschaft Gottes.

Markus 6,34 – 44
Jesus wird von einer großen Menschenmasse umringt. Er hat nur fünf Brote und zwei Fische. Er schaut zum Himmel, dankt Gott und teilt Brot und Fische. Alle werden satt.

Matthäus 19,13 – 15
Viele Menschen möchten ihre Kinder zu Jesus bringen. Die Jünger tadeln diese Menschen, doch Jesus spricht: „Lasst die Kinder zu mir kommen!“ Er umarmt sie freudig und segnet sie.

Lukas 19,36 – 38
Jesus reitet auf einem Esel in Jerusalem ein. Die Jünger loben Jesu Taten. Die Menschen jubeln und winken Jesus mit Palmblättern zu.

Lukas 22,47 – 53
Judas, einer der zwölf Jünger, verrät den römischen Soldaten, wo sich Jesus aufhält. Die Soldaten führen Jesus ab. Er wird als Unruhestifter angesehen.

Lukas 23,32 – 33,53
Jesus wird ans Kreuz gehängt. Nachdem er gestorben ist, wird er in ein Leinentuch gewickelt und in ein Felsengrab gelegt.

Lukas 24,1 – 6
Zwei Frauen kommen zum Grab. Sie sehen, dass der Stein vor dem Grab weggerollt ist. Im Grab treffen sie auf zwei Männer mit glänzenden Kleidern, die sprechen: „Jesus ist auferstanden!“

Das Leben von Jesus (2)

Im Leben von Jesus gibt es freudige und traurige Momente.

Male um alle freudigen Momente einen gelben Rahmen und um alle traurigen Momente einen schwarzen Rahmen.

Jesus wird geboren.

Jesus wird getauft.

Jesus reist mit seinen Jüngern durch das Land.

Jesus vermehrt Brot und Fische. Alle werden satt.

Jesus segnet die Kinder.

Jesus zieht nach Jerusalem ein. Er wird gefeiert.

Jesus wird verhaftet.

Jesus stirbt am Kreuz.

Jesus ist auferstanden.

BVK • Svenja Ernsten: Religionsprojekt zu: „Der Seelenvogel"

Ein Herz und eine Seele

Vielleicht hast du schon einmal gehört, dass jemand gesagt hat: „Er ist eine gute Seele.“ Damit ist gemeint, dass jemand eine tolle Persönlichkeit hat. Es gibt noch viele weitere Redewendungen, in denen die Seele vorkommt.

1. Male die Redewendung und die passende Erklärung in der gleichen Farbe an.

Sie sind ein Herz und eine Seele.		Sie entspannen sich.
Die Augen sind der Spiegel der Seele.	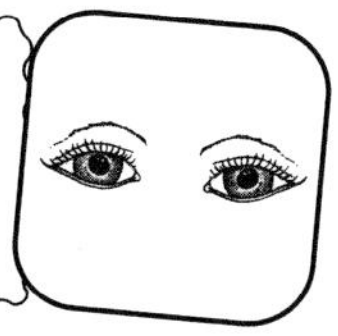	Essen und Trinken sind wichtig für den Körper und die Stimmung.
Sie schreibt es sich von der Seele.		Die Augen verraten, wie sich jemand fühlt.
Essen und Trinken hält Leib und Seele zusammen.		Sie verstehen sich sehr gut.
Sie lassen die Seele baumeln.		Sie schreibt auf, was sie bedrückt.

2. Überlegt euch eine eigene Redewendung mit dem Begriff „Seele“. Stellt diese anschließend in der Klasse vor und lasst eure Mitschüler raten, welche Bedeutung eure Redewendung hat.

Der Vogel und der Käfig

Der kleine Vogel im Käfig träumte jeden Tag von der Freiheit. Er träumte davon, über die Häuser und Felder zu fliegen, sich vom Wind tragen zu lassen und die Sterne zu sehen.

Eines Tages stand die Käfigtür offen.

1. Wie fühlt sich der Vogel? Kreuze an.

☐ traurig ☐ glücklich ☐ wütend ☐ ängstlich

2. Vergleicht eure Antworten von Aufgabe 1.
   Sprecht darüber, warum ihr eure Antwort gewählt habt.

3. Was macht der Vogel? Schreibe die Geschichte weiter.

BVK • Svenja Ernsten: Religionsprojekt zu: „Der Seelenvogel“

Gefühle und Farben

Die Gefühle des Seelenvogels sind so unterschiedlich wie die Farben.

1. Male die Vögel in den verschiedenen Farben aus.
2. Überlege, welche Gefühle deiner Meinung nach zu den Farben passen.
   Schreibe sie zu dieser Farbe. Die Wörter im Kasten helfen dir.

rot

blau

gelb

grün

grau

schwarz

Angst – Zufriedenheit – Wut – Liebe – Angst –
Langeweile – Hoffnung – Freude – Einsamkeit – Trauer

3. Suche dir ein Partnerkind. Welche Gemeinsamkeiten und Unterschiede könnt ihr feststellen?

Gefühlspaare

Fast jedes Gefühl hat auch ein Gegenteil.

1. Immer zwei Gefühle gehören zusammen.
   Fahre die Linien mit einem Stift nach
   und schreibe die Gefühlspaare unten auf.

2. Suche dir ein Partnerkind. Nenne ein Gefühl.
   Dein Partnerkind muss das zugehörige Gegenteil-Gefühl sagen.

BVK • Svenja Ernsten: Religionsprojekt zu: „Der Seelenvogel“

Wenn ich mich freue …

1. Was machst du, wenn du dich sehr über etwas freust?
   Betrachte die Bilder und kreuze an.

☐ ☐ ☐ ☐ ☐

2. Tauscht euch darüber aus, wie ihr euch verhaltet, wenn ihr euch über etwas freut.

3. Dein Seelenvogel ist fröhlich.
   Was könntest du rufen? Schreibe es in die Sprechblase.

4. Gestaltet gemeinsam eine Collage.
   Schneidet aus Zeitungen Bilder aus, auf denen Personen fröhlich sind.
   Klebt sie zu einem Freude-Bild zusammen.

BVK • Svenja Ernsten: Religionsprojekt zu: „Der Seelenvogel“

Freude ist toll

1. Betrachte die Bilder. Achte auf das Gesicht, die Hände und die Körperhaltung der Personen. Woran kannst du erkennen, dass sich die Personen freuen? Wie verhältst du dich, wenn du dich über etwas freust? Tauscht euch darüber aus.

2. Übt zu zweit einen Freudentanz ein und führt ihn den anderen vor.

3. Lies das Sprichwort.

Je mehr Freude wir anderen Menschen machen, desto mehr Freude kehrt ins eigene Herz zurück.

4. Überlege, wie du anderen Menschen eine Freude machen kannst.
Schreibe deine Ideen auf die Linien.

Freude

Trauer

1. Warum könnte das Kind traurig sein? Schreibe auf.

2. Lies die Aussagen. Welche stimmen deiner Meinung nach?
   Unterstreiche diese Aussagen.

Mit der Zeit verschwindet die Traurigkeit.

Weinen hilft nicht.

Erwachsene weinen nie.

Auch wenn man lacht, kann man traurig sein.

Es gibt viele Gründe, traurig zu sein.

Weinen tut gut!

3. Was hilft dir, wenn du traurig bist? Lies und male die zutreffenden Felder an.
   Ergänze weitere Aussagen.

mit jemandem sprechen	allein sein	
nach draußen gehen	Musik hören	

Tauscht euch darüber aus, was euch hilft, wenn ihr traurig seid.

4. Gegen Traurigkeit kann auch ein Freudetagebuch helfen.
   Notiere jeden Tag, was dich fröhlich gemacht hat.
   Wenn du traurig bist, kannst du in deinem Freudetagebuch lesen.

Mein Freudetagebuch

Datum: ____________________ **Name:** ____________________

____

____

____

____

____

____

Datum: ____________________ **Name:** ____________________

____

____

____

____

____

____

Datum: ____________________ **Name:** ____________________

____

____

____

____

____

____

BVK • Svenja Ernsten: Religionsprojekt zu: „Der Seelenvogel“

Umarmen ist schön

Häufig tut eine Umarmung gut.

1. Seht euch die Bilder gemeinsam an und sprecht darüber.

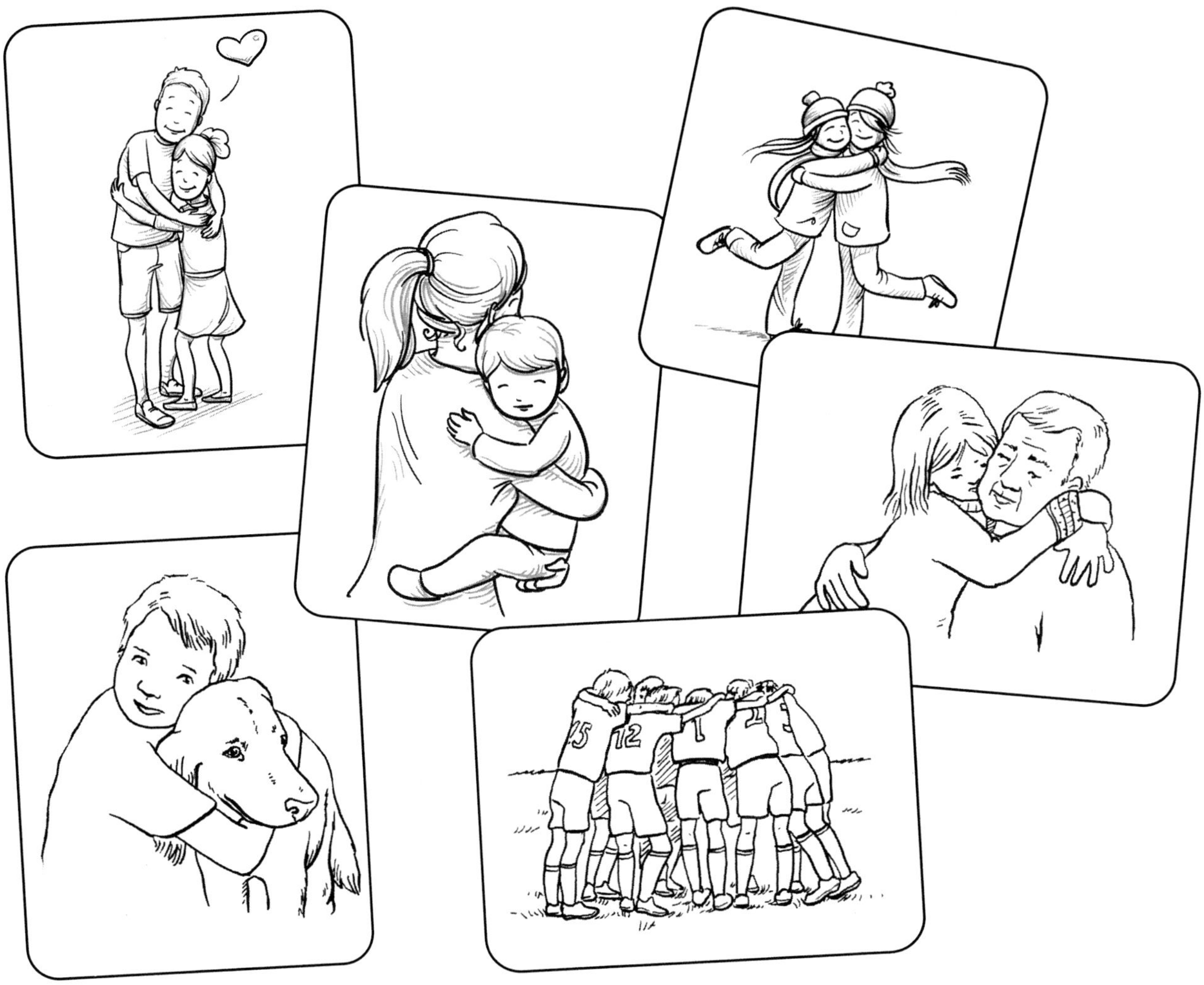

2. Ergänze und male ein Bild.

Wen umarmst du gerne?

Ich umarme gerne ______________________

______________________________.

Von wem wirst du gerne umarmt?

Ich mag es, wenn ______________________

____

mich umarmt.

BVK • Svenja Ernsten: Religionsprojekt zu: „Der Seelenvogel“

Sich umarmen

Es gibt viele verschiedene Situationen, in denen eine Umarmung gut tut.

1. Betrachte die Bilder. Suche dir ein Bild aus und schreibe auf die Rückseite eine Geschichte, die mit einer Umarmung endet.

Zum Abschied	Um zu trösten

Nach einem Streit	Nach einem Sieg

2. Wie fühlst du dich, wenn dich jemand in den Arm nimmt, den du magst? Kreise die passenden Wörter ein.

entspannt **sicher** **zufrieden** **geliebt**

schwach **glücklich** **warm** **unsicher**

klein **groß** **stark** **mutig** **geborgen**

3. Tauscht euch darüber aus, wie ihr euch fühlt, wenn euch jemand umarmt.

BVK • Svenja Ernsten: Religionsprojekt zu: „Der Seelenvogel"

Wut fühlt sich nicht gut an

Bestimmt warst du auch schon einmal wütend.

1. Was macht dich wütend?
   Schreibe es zum Bild.

2. Stelle dir eine Situation vor, in der du richtig wütend warst.
   Male dann auf ein großes Blatt Papier ein Wutbild.
   Betrachtet eure Wutbilder gemeinsam und vergleicht sie miteinander.

3. Was hilft gegen Wut? Schreibe zu den Bildern.

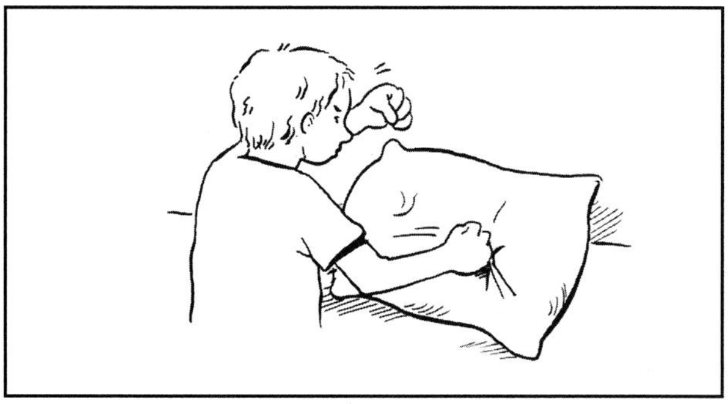

4. Was hilft dir, wenn du wütend bist? Tauscht euch darüber aus.

BVK • Svenja Ernsten: Religionsprojekt zu: „Der Seelenvogel"

Wut ist wie ...

Bestimmt kennst du das Gefühl, wütend zu sein.

1. Was macht dich wütend? Schreibe auf.

2. Löse die Geheimschrift und ergänze die Aussagen zu Wut.

Wut ist wie ein ___ ___ ___ ___ ___ ___   ___ ___   ___ ___ ___ ___ ___ .
22 21 12 11 1 14   9 13   2 1 21 3 8

Wut ist wie ein ___ ___ ___ ___ ___ ___   ___ ___ ___ ___ .
23 9 12 4 5 19   20 9 5 18

Wut ist wie ein ___ ___ ___ ___ , der überkocht.
20 15 16 6

Wut ist wie ein ___ ___ ___ ___ ___ ___ ___ ___ im ___ ___ ___ ___ .
7 5 23 9 20 20 5 18   11 15 16 6

Wut ist wie ein ___ ___ ___ ___ ___ .
6 5 21 5 18

1	2	3	4	5	6	7	8	9	10	11	12	13	14	15	16	17	18	19	20	21	22	23	24	25	26
A	B	C	D	E	F	G	H	I	J	K	L	M	N	O	P	Q	R	S	T	U	V	W	X	Y	Z

3. Wie fühlt sich Wut für dich an? Schreibe selbst Aussagen in Geheimschrift auf, die die anderen lösen müssen.

4. In welchen Körperteilen spürt ihr Wut? Sprecht darüber. Malt den Körperumriss eines Kindes auf eine Tapetenrolle und malt diese Körperstellen rot an.

5. Was hilft euch, wenn ihr wütend seid? Schreibt eure Wuttipps auf kleine Zettel und klebt sie um den Körperumriss herum. Vergleicht eure Plakate miteinander.

BVK • Svenja Ernsten: Religionsprojekt zu: „Der Seelenvogel"

Eifersucht

1. Schaue dir die Bildergeschichte an.
2. Schreibe zu den Bildern.

3. Wie könnte die Geschichte weitergehen?
   Überlegt euch gemeinsam ein gutes und ein schlechtes Ende.
   Spielt beide Geschichtenenden den anderen Kindern vor.
4. Warst du schon einmal eifersüchtig. Warum? Schreibe auf oder male ein Bild.

Gute und schlechte Geheimnisse

Es gibt Geheimnisse, die dem Seelenvogel guttun. Mit diesen Geheimnissen fühlt er sich glücklich. Es gibt aber auch Geheimnisse, mit denen es dem Seelenvogel nicht gut geht. Von manchen schlechten Geheimnissen bekommt der Seelenvogel sogar Bauchschmerzen.

1. Lies die Beispiele.
   Tauscht euch in der Gruppe aus und tragt ein, ob es sich um ein gutes ☺ oder ein schlechtes ☹ Geheimnis handelt.

Beispiel	☺/☹	Beispiel	☺/☹
Deine Mutter bastelt mit dir ein Geschenk für deine Großeltern zu Weihnachten. Du sollst ihnen nichts verraten.	○	Auf dem Schulweg lauern dir andere Kinder auf. Sie beschimpfen dich und sagen, dass du ihnen 10 Euro geben sollst, und drohen, dass sie dich sonst verhauen.	○
Die Nachbarskinder zeigen dir eine Hütte im Wald, die sie selbst gebaut haben. Du sollst dieses Geheimversteck niemandem zeigen.	○	Deine Eltern haben dir verraten, dass du nächstes Jahr ein Geschwisterchen bekommst. Du sollst es noch nicht weitererzählen.	○
Nach dem Sport siehst du, wie eine Klassenkameradin das Armband von einem anderen Kind in ihre Jackentasche steckt. Sie fleht dich an, sie nicht zu verraten.	○	Du bist bei einem Freund. Ihr seid allein und schaut einen Film, der eigentlich nur für Erwachsene ist. Der Film macht dir Angst. Du sollst niemandem davon erzählen.	○

2. Fallen dir noch andere gute oder schlechte Geheimnisse ein?
   Schreibe sie auf.

3. Über ein schlechtes Geheimnis solltest du mit einem Erwachsenen reden. Überlege, wem du ein schlechtes Geheimnis erzählen kannst.
   Schreibe in die Sprechblase.

BVK • Svenja Ernsten: Religionsprojekt zu: „Der Seelenvogel“

Eine warme Dusche für den Seelenvogel

Setzt euch in den Stuhlkreis.

Ein Kind setzt sich in die Mitte auf einen Stuhl.

Sagt nun reihum nette Sachen zu dem Kind.

Sagt dem Kind, was ihr an ihm mögt oder was es gut kann. Schaut das Kind dabei an.

Wenn alle Kinder etwas gesagt haben, darf sich das nächste Kind in die Mitte setzen.

BVK • Svenja Ernsten: Religionsprojekt zu: „Der Seelenvogel"

Welche Schublade ist es?

Ihr braucht:
Schere, Gefühlskarten, Streichholzschachteln

So geht es:
Schneidet die Gefühlskarten aus und legt sie in Streichholzschachteln. Zieht jeweils eine Streichholzschachtel. Schaut euch das Gefühl in eurer Schachtel an, ohne dass die anderen es sehen. Macht das Gefühl mit eurem Körper vor. Lasst die anderen Kinder raten. Öffnet dann zur Kontrolle die Streichholzschachtel und zeigt den anderen das Gefühl.

Freude	Trauer	Wut
Angst	Langeweile	Ungeduld
Liebe	Hass	Faulheit

BVK • Svenja Ernsten: Religionsprojekt zu: „Der Seelenvogel"

Der Vogel

1. Beschrifte den Vogel mit folgenden Begriffen:

Schnabel – Auge – Schwanz – Bauch – Kehle – Bein – Flügel – Rücken – Krallen – Kopf – Brust

2. Kreuze die richtigen Aussagen an.

☐ Vögel haben zwei Beine.

☐ Wenn Vögel fliegen, breiten sie ihre Flügel aus.

☐ Vögel besitzen nur einen Flügel.

☐ Sie haben Federn.

☐ Mit ihrem Schwanz halten sie sich an Bäumen fest.

☐ An ihren Füßen haben sie Krallen.

3. Es gibt viele verschiedene Vogelarten. Welche kennt ihr? Sammelt an der Tafel.

BVK • Svenja Ernsten: Religionsprojekt zu: „Der Seelenvogel“

Gefühlsbarometer basteln

Du brauchst:
Pappe, Kleber, Schere,
eine Wäscheklammer

So geht es:

1. Trage deinen Namen ein.
2. Male das Gefühlsbarometer an.
3. Klebe diese Seite auf Pappe.
4. Schneide das Gefühlsbarometer aus.
5. Markiere mit einer Wäscheklammer, wie du dich fühlst.

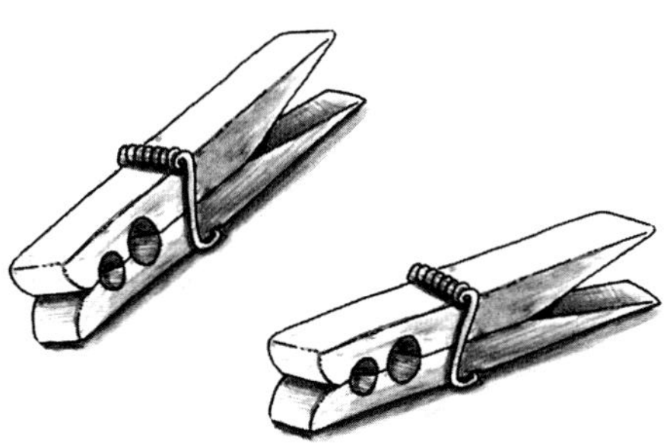

Name:

Einen Wutvogel basteln

Du brauchst:
zwei Luftballons, Vogelsand, einen Trichter, einen Löffel, eine Schere, einen wasserfesten Stift

So geht es:

1. Blase einen Luftballon auf und lasse die Luft wieder heraus.

2. Fülle mit dem Trichter Vogelsand in den Luftballon.

3. ✂ Schneide den Hals des Luftballons ab.

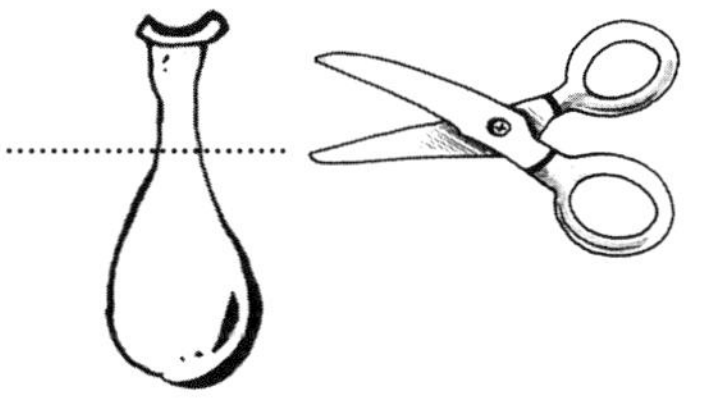

4. ✂ Schneide bei einem zweiten Luftballon den Hals ab und stülpe ihn über den ersten Luftballon.

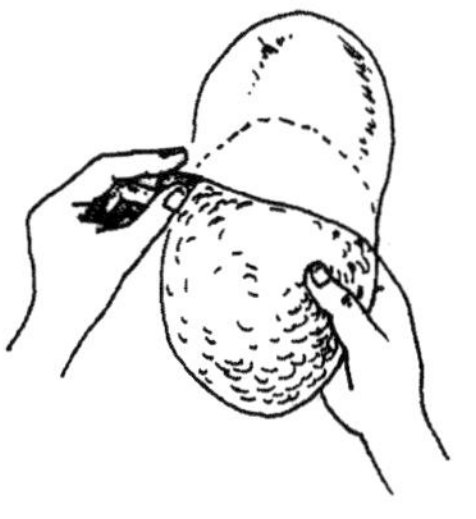

5. Male mit dem Filzstift ein Vogelgesicht auf den Ball.

Nun kannst du den Wutvogel kneten oder an die Wand oder auf den Boden werfen.

Einen eigenen Seelenvogel basteln

Du brauchst:

Vorlage (DIN A3), Tonkarton (DIN A3), Kleber, etwa sieben Streichholzschachteln, Stifte, farbiges Tonpapier, Schere

So geht es:

1. Klebe die Vorlage des Seelenvogels auf Tonkarton auf.
2. Öffne die Streichholzschachteln und schreibe innen auf den Boden der Schachteln verschiedene Gefühle.

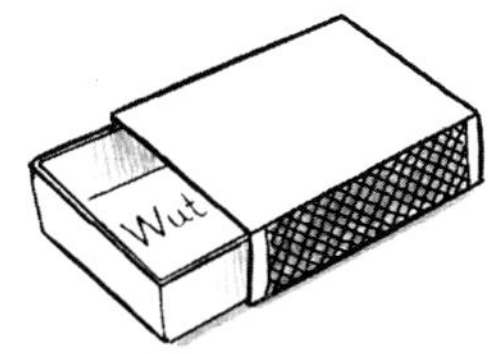

3. Beklebe die Hülle der Streichholzschachteln oben jeweils mit einem farbigen Tonpapier, das zu dem Gefühl passt.
4. Bestreiche die Rückseite der Hülle mit Kleber und klebe sie auf dem Seelenvogel fest.

Vorlage

(bitte um 200 % hochkopieren)

Eine Kiste für den Seelenvogel

Manchmal geht es deinem Seelenvogel nicht gut. Bastle dir eine Kiste für solche Momente.

Du brauchst:
einen Schuhkarton, Wasserfarben, Pinsel, buntes Tonpapier, Kleber, mehrere kleine Gegenstände, die dich an etwas Schönes erinnern

So geht es:

1. Bemale den Schuhkarton mit fröhlichen Farben und Mustern oder beklebe ihn mit buntem Papier.

2. Lege in den Schuhkarton Gegenstände, die dich an schöne Momente oder Erlebnisse erinnern oder die dir helfen, wenn es dir nicht gut geht. Zum Beispiel Fotos, Briefe, einen Wutball, ein Kuscheltier oder andere Gegenstände, die dich fröhlich stimmen. Du kannst auch etwas auf Zettel malen oder schreiben und in die Kiste legen.

Öffne deine Kiste, wenn du traurig oder wütend bist.

BVK • Svenja Ernsten: Religionsprojekt zu: „Der Seelenvogel“

Gefühle spielen

Freude

Trauer

Wut

1. Sucht euch in der Gruppe eines der Gefühle aus.
   Stellt das Gefühl des Seelenvogels mit eurem Körper dar.

2. Versucht, das Gefühl mit Instrumenten auszudrücken. Ihr könnt zum Beispiel Handtrommeln, Xylofon, Rasseln und Schellenkränze verwenden.

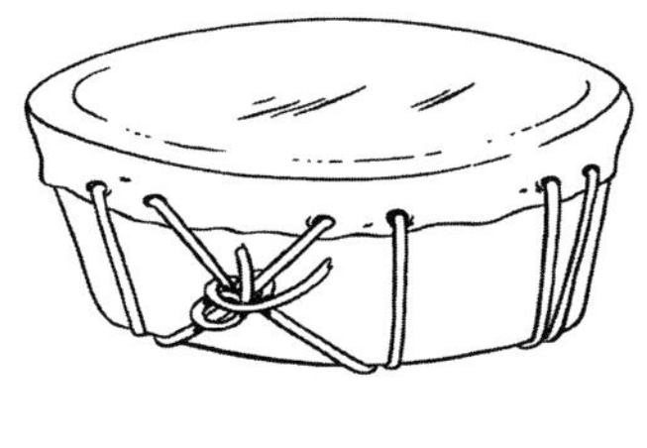

Handtrommel

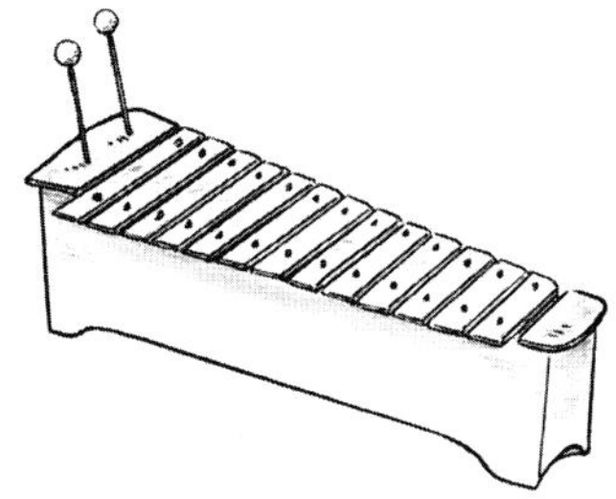

Xylofon

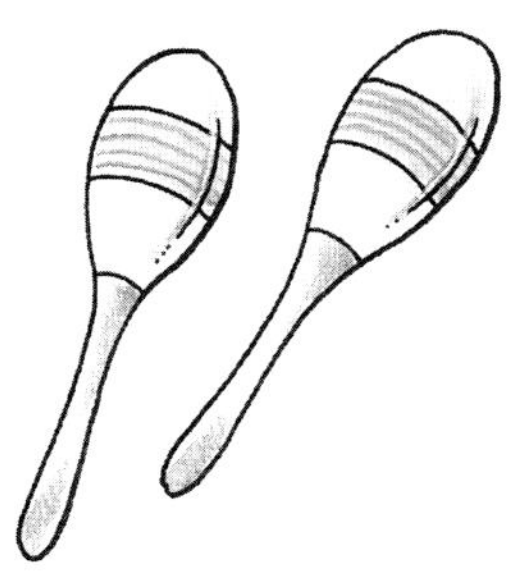

Rasseln

Schellenkranz

3. Übt in der Gruppe eine kleine Vorführung ein. Ein Kind spielt das Gefühl des Seelenvogels, die anderen machen die passende Musik dazu. Die übrigen Kinder in der Klasse müssen das Gefühl erraten.

Der Seelenvogel hüpft

Der Seelenvogel macht kleine und große Sprünge.

Er hüpft die 2-er Reihe.
Markiere die Zahlen mit
einem roten Kreis.

Er hüpft die 3-er Reihe.
Markiere die Zahlen mit
einem blauen Quadrat.

Er hüpft die 7-er Reihe.
Markiere die Zahlen mit
einem grünen Dreieck.

1	2	3	4	5	6	7	8	9	10
11	12	13	14	15	16	17	18	19	20
21	22	23	24	25	26	27	28	29	30
31	32	33	34	35	36	37	38	39	40
41	42	43	44	45	46	47	48	49	50
51	52	53	54	55	56	57	58	59	60
61	62	63	64	65	66	67	68	69	70
71	72	73	74	75	76	77	78	79	80
81	82	83	84	85	86	87	88	89	90
91	92	93	94	95	96	97	98	99	100

Der Seelenvogel steht auf
der 78. Er hüpft 2 Felder vor,
5 Felder zurück, 8 Felder vor
und 12 Felder zurück.
Auf welchem Feld befindet er
sich nun? Markiere die Zahl
mit einem roten Kreis.

Der Seelenvogel steht auf
der 37. Er hüpft 3 Felder
nach unten, 2 Felder nach
rechts, 5 Felder nach oben,
und 8 Felder nach links.
Auf welchem Feld befindet
er sich nun? Markiere diese
Zahl mit einem blauen Quadrat.

1	2	3	4	5	6	7	8	9	10
11	12	13	14	15	16	17	18	19	20
21	22	23	24	25	26	27	28	29	30
31	32	33	34	35	36	37	38	39	40
41	42	43	44	45	46	47	48	49	50
51	52	53	54	55	56	57	58	59	60
61	62	63	64	65	66	67	68	69	70
71	72	73	74	75	76	77	78	79	80
81	82	83	84	85	86	87	88	89	90
91	92	93	94	95	96	97	98	99	100

Überlege dir selbst solche Rätsel und schreibe sie in dein Heft.

Reise zum eigenen Seelenvogel

Setze dich entspannt auf deinen Stuhl. Lege Arme und Kopf gemütlich auf dem Tisch ab und schließe deine Augen. Es wird ganz still um dich herum. Du atmest ruhig und langsam ein und aus.

Denke an ein schönes Erlebnis.
Vielleicht bist du mit jemandem zusammen, den du besonders gerne magst, oder du tust etwas, das dir viel Spaß macht.
Spüre nun tief in deinen Körper hinein.
Versuche, deinen Seelenvogel zu spüren.
Er steht auf einem Bein und ist fröhlich.
Er breitet die Flügel aus und hüpft vergnügt von einem Bein auf das andere.

Seine Fröhlichkeit breitet sich in deinem ganzen Körper aus. Zuerst in deinem Bauch, dann in deinen Armen und Beinen, in deinen Händen und Füßen und schließlich auch in deinem Kopf. Dir ist warm und du fühlst dich wohl und glücklich.

Genieße das Gefühl noch einen Moment und nimm es mit, wenn du deine Augen gleich wieder öffnest.

Öffne nun langsam deine Augen und nimm deinen Kopf wieder hoch.

Recke und strecke dich.

Lösungen

zu S. 5: „Ein Vogel in unserer Seele“

1. richtig: tief in unserem Körper – der Seelenvogel – auf einem Bein – das, was wir fühlen
2. Trauer, Freude, Geduld, Eifersucht, Enttäuschung

zu S. 6: „Wie geht es dem Seelenvogel?“

1. richtige Reihenfolge der Texte zu den Bildern:
   Der Seelenvogel fühlt sich verletzt. Er schaut bedrückt nach unten. Ihm tut alles weh.
   Der Seelenvogel ist fröhlich. Er lacht und springt hoch in die Luft.
   Der Seelenvogel ist traurig. Er wird ganz still. Er möchte sich am liebsten verstecken und macht sich so klein wie möglich.
   Dem Seelenvogel geht es gut. Er fühlt sich groß und breitet seine Flügel aus.

zu S. 8: „Dein Seelenvogel“

3. richtig: Er wird immer größer.

zu S. 9: „Die Seele“

1.	M	E	N	S_1	C	H			
	2.	N	I	E_2	M	A	N	D	
		3. J							
		J	E₃						
4.	V	E	R	L_4	Ä	S	S	T	
		4.	S	E_5	K	U	N	D	E

Jeder Mensch hat eine **SEELE.**

zu Seite 11: „Der Seelenvogel und seine Schubladen“

1. In den Schubladen befinden sich die **GEFÜHLE.**
2. Freude, Trauer, Eifersucht, Hoffnung, Enttäuschung, Verzweiflung, Geduld, Hass, Wut, Versöhnung, Faulheit

zu Seite 12: „So viele Schubladen“

Der Seelenvogel besteht aus vielen **Schubladen.**
Die Schubladen sind **abgeschlossen.**
Zu jeder Schublade gibt es einen eigenen **Schlüssel.**
Mit seinem **Fuß** kann der Seelenvogel die Schubladen öffnen.
Auf einem Bein steht der Seelenvogel, das andere hat er an seinen **Bauch** gezogen.
Er schließt die Schublade mit dem Fuß auf und zieht dann am **Griff.**
In den Schubladen befinden sich die **Gefühle.**

zu Seite 13: „Schublade, öffne dich!“

1. richtig: Wut – in Schwierigkeiten – verschieden
2.

	E	I	F	E	R	S	U	C	H	T		L
W												I
U							F	R	E	U	D	E
T												B
												E
Z	U	F	R	I	E	D	E	N	H	E	I	T

zu Seite 14: „Manchmal sind Gefühle schwierig“

1. Obwohl wir es nicht wollen, sind wir manchmal eifersüchtig.
   Ab und zu möchten wir helfen, machen aber etwas kaputt.
   Menschen sind verschieden, weil auch ihre Seelenvögel verschieden sind.
   Der Seelenvogel muss eine Schublade schließen, damit das Gefühl aufhört.

zu Seite 15: „Den Seelenvogel hören“

1. Nicht alle Menschen können den Seelenvogel gleich gut **hören.**
   Manche hören ihn **oft,** manche ab und zu und wieder andere hören ihn nur ein einziges Mal im **Leben.**
   Deshalb sollte man immer aufpassen, ob man den **Seelenvogel** hören kann, zum Beispiel am **Abend,** wenn es überall **still** ist.

zu Seite 16: „Hast du den Seelenvogel schon einmal gehört?“

S	E	E	L	E	N	V	O	G	E	L		
E										E		
L	E	U	T	E				H		B		S
T								Ö		E		T
E	I	N	M	A	L			R		N		I
N								E				L
		H	O	R	C	H	E	N				L

BVK • Svenja Ernsten: Religionsprojekt zu: „Der Seelenvogel“

Lösungen

zu S. 19: „Josef und seine Brüder (2)“

2. richtige Reihenfolge:
Jakob mochte seinen Sohn Josef am liebsten. Deshalb schenkte er ihm einen bunten Mantel. Weil die Brüder eifersüchtig und wütend auf Josef waren, verkauften sie ihn an Händler aus Ägypten. In Ägypten deutete Josef den Traum des Pharaos richtig und wurde zu einem angesehenen Mann. Der Pharao legte Vorräte an, damit die Menschen auch in schlechten Zeiten genug zu essen hatten. Josefs Familie hatte keine Vorräte angelegt, daher schickte der Vater Josefs Brüder nach Ägypten, damit sie um Getreide bitten konnten. Als Josef seine Brüder erkannte, verzieh er ihnen.

zu Seite 20: „Jesus und Zachäus“

1. Der Zöllner Zachäus ist **einsam,** weil er keine Freunde hat. Die Bewohner Jerichos **hassen** den Zöllner, weil er zu viel Geld verlangt.
   Zachäus ist **froh** darüber, dass Jesus ihn besucht. Die anderen Menschen sind **wütend,** dass Jesus Zachäus besucht.
   Nachdem Jesus Zachäus besucht hat, fühlt sich Zachäus **schuldig.**

zu Seite 21: „Jesus segnet die Kinder“

2. Jünger: genervt – Kinder: stolz – Mütter: dankbar – Jesus: wütend, fröhlich

zu Seite 24: „Ein Herz und eine Seele“

- Sie sind ein Herz und eine Seele. – Sie verstehen sich sehr gut.
- Die Augen sind der Spiegel der Seele. – Die Augen verraten, wie sich jemand fühlt.
- Sie schreibt es sich von der Seele. – Sie schreibt auf, was sie bedrückt.
- Essen und Trinken hält Leib und Seele zusammen. – Essen und Trinken sind wichtig für den Körper und die Stimmung.
- Sie lassen die Seele baumeln. – Sie entspannen sich.

zu Seite 27: „Gefühlspaare“

Freude – Trauer, Liebe – Hass, Mut – Angst, Geduld – Ungeduld, Wut – Zufriedenheit

zu Seite 35: „Wut ist wie …“

Wut ist wie ein **Vulkan im Bauch.**
Wut ist wie ein **wildes Tier.**
Wut ist wie ein **Topf,** der überkocht.
Wut ist wie ein **Gewitter** im **Kopf.**
Wut ist wie ein **Feuer.**

zu Seite 37: „Gute und Schlechte Geheimnisse“

☺ Deine Mutter bastelt mit dir ein Geschenk für deine Großeltern zu Weihnachten. Du sollst ihnen nichts verraten.

☹ Auf dem Schulweg lauern dir andere Kinder auf. Sie beschimpfen dich und sagen, dass du ihnen 10 Euro geben sollst, und drohen, dass sie dich sonst verhauen.

☺ Die Nachbarskinder zeigen dir eine Hütte im Wald, die sie selbst gebaut haben. Du sollst dieses Geheimversteck niemandem zeigen.

☺ Deine Eltern haben dir verraten, dass du nächstes Jahr ein Geschwisterchen bekommst. Du sollst es noch nicht weitererzählen.

☹ Nach dem Sport siehst du, wie eine Klassenkameradin das Armband von einem anderen Kind in ihre Jackentasche steckt. Sie fleht dich an, sie nicht zu verraten.

☹ Du bist bei einem Freund. Ihr seid allein und schaut einen Film, der eigentlich nur für Erwachsene ist. Der Film macht dir Angst. Du sollst niemandem davon erzählen.

zu Seite 39: „Der Vogel“

1.

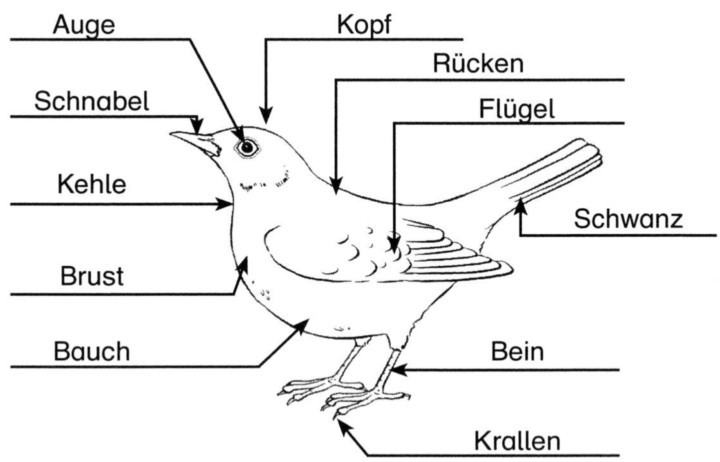

2. richtig: Vögel haben zwei Beine. – Wenn Vögel fliegen, breiten sie ihre Flügel aus. – Sie haben Federn. – An ihren Füßen haben sie Krallen.

zu Seite 45: „Der Seelenvogel hüpft“

Lösungen: 71, 11